自分を整理するライフログ

MY LIFE ノート

MYSELF
FAVORITE
MEMORIES
GOOD THINGS
HAPPINESS CHARGE
SELF-CARE
LIFE
FASHION
GOING OUT
FUTURE
WORDS

朝日新聞出版

毎日はあっという間に過ぎる。

世の中の常識も変わっていく。

変化に対してしなやかでありたい。

それでいて、流されない芯の強さを持ちたい。

けれど、ときどきわたしの頭の中は

ごちゃごちゃになる。

過去も未来も、どんどんあいまいになる。

自分の望みさえぼんやりとして、

前に進みにくくなるのだ。

そんなときはいつも
このノートを開く。

昨日の記憶、今日のもやもや、
明日への希望。

ノートに向き合い
手を動かして書き続けるうちに
不思議と心が落ち着き、
考えがまとまっていく。

やるべきことが
はっきりしないときにも。
答えはすべて自分の中にあるのだから、
書けば書くほど
進むべき道が見えてきて、
わたしの頭はいつしか
スッキリと晴れる。

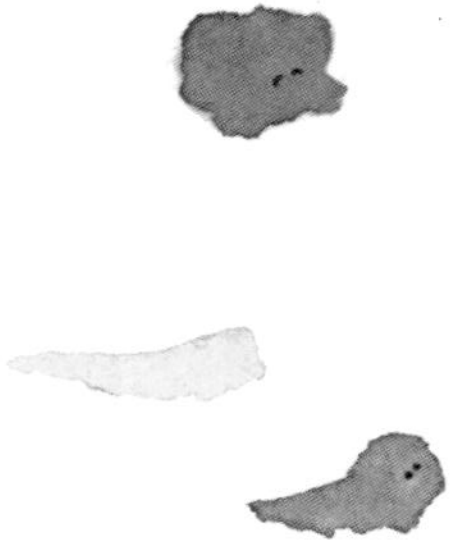

本当の自分が見えてきて、
わたしは望んでいる未来に一歩近づくのだ。

過去、今、未来。
ノートは、わたしの大切なものであふれていく。
見返すたびにわくわくして、幸せな気分になる。

ノートのある生活は、わたしをわたしらしく
毎日を豊かにしてくれる。

CONTENTS

本書の使い方

使い方はあなた次第。
自由にアレンジを楽しんで。

1 まずはテーマに沿って書いてみましょう

ぜんぶで11のノートがあります。テーマごとに具体的な質問に答える形式で、気軽に書き始められます。テーマに沿って書き入れながら、まずは「書く」ことに親しんでみてください。

2 ページ順ではなく、書きやすいものからでOK

なかなか埋まらないページ、書きたいことがどんどんあふれてくるページなど、ページによって密度にムラがあって当然。パラパラと眺めて、書けそうなものから書いてみましょう。

3 自由記入欄はとことん自由に

自由記入欄は、写真や切り抜きを貼りつける、イラストを描く、文字で埋めるなど思い思いに使ってください。
書くことに慣れてきて「次はこのテーマでノートを書きたい」「もっとこのテーマを深めたい」といった望みが出てきたら、こんどはぜひオリジナルのノートをつくってみてくださいね。

スペースが足りない場合は、
付箋やメモ用紙などを貼っても。

書いた日の日付も記しておくと、
“今”の自分が残せておすすめ。

ページ内にある
「HINT」も参考に。

今の考えや想い、生き方を記録し、このノートが日々の軸になりますように！

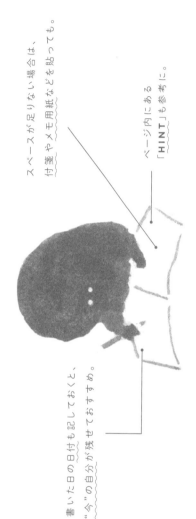

1 MYセルフノート

自分はだれだ？　自分はなんだ？
ぐるぐる思考しても、
やはりつかめない。
でも、わたしを生きてきた。
これからも、わたしを生きる。

自分のことは意外と自分が一番知らない。

だからこのノートの最初のテーマは「自分自身」。

自分のいいところは？　苦手なことは？

人付き合いはいいほう？　それとも一匹狼なタイプ？

だれかに自分のことを尋ねられたら

自信を持って説明できるだろうか。

長所も欠点も、ぜんぶがわたしをつくる個性。

“わたしの情報”を書きながら整理し、

自分をもっと知るための第一歩を。

マイ・プロフィール

写真・似顔絵

名前

ニックネーム

誕生日　年　月　日

このノートを書いている時点の年齢　歳

血液型　型　星座　座

趣味

特技

今ハマっていること

マイ・ルーツ

今のわたしがある、ルーツをたどってみよう。

出生地

育った場所

名前の由来

学校や仕事のこと

家族のこと

わたしのいいところ

得意なこと

性格面の長所

だれにも負けないこと

カラダ自慢

ここが売りポイント!

HINT

いいところを思いつかないという人は、だれかにほめられたことを思い出してみよう。
自分ではあたり前と思っていることが、人から見たら長所ということもある。

自分のいいところを発見したら、いつでも書き加えよう。

わたしの強みＢＥＳＴ３

自分のいいところの中でも、とくに取り柄だと思うことを３つ挙げてみよう。

1

2

3

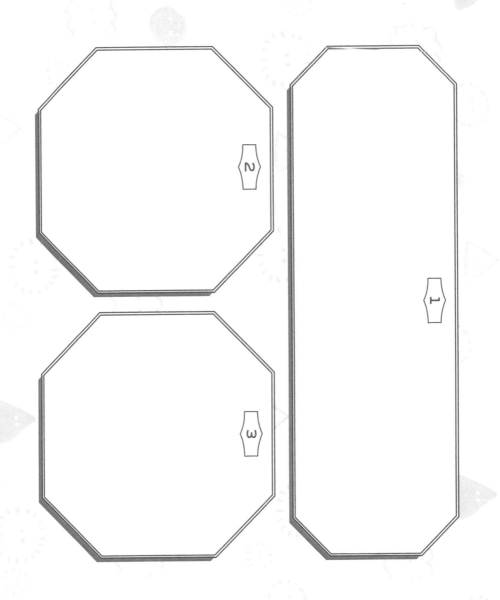

わたしの弱み

自分では弱みと思っていても、ほかの人の目には魅力と映ることも。
弱みとともに、その裏に隠れているよさも書き出してみよう。

弱み

↓

隠れているよさ

弱み

↓

隠れているよさ

弱み

↓

隠れているよさ

弱み

↓

隠れているよさ

HINT 弱みを反対から捉えるとよさが見つかるかも。（例：優柔不断→慎重、飽きっぽい→好奇心旺盛）

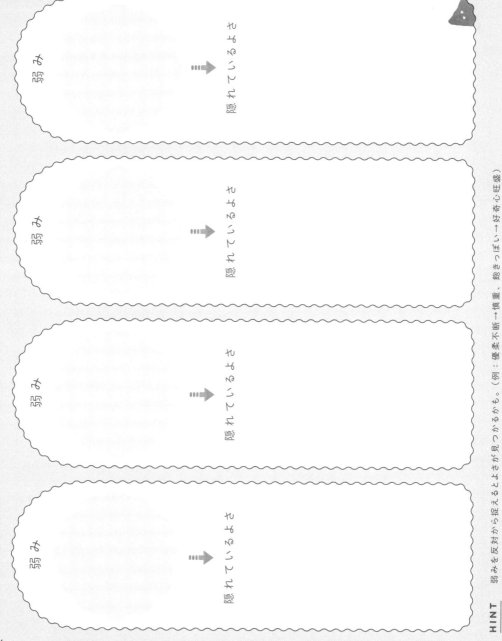

わたしを動物にたとえるなら？

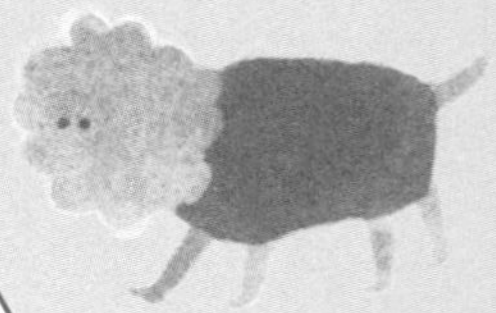

自分の動物キャラを描いてみよう

イメージに
近い動物

理由　どんなところが似てる？

わたしの友だち

わたしの友だちはどんな人？

わたしが友だちに求めていること

友だちになりやすいタイプ

友だちとよく行く場所・よくすること

わたしの恋の相手

恋に落ちる
惚れポイント

有名人にたとえると?

恋の相手の特徴

わたしが尊敬している人

尊敬している人や憧れの人を書き出してみよう。
有名人・歴史上の人物・架空の人物・実在の人など、だれでもOK。

わたしが苦手な人

なぜかぶつかってしまう人や、
コミュニケーションを
避けてしまう相手など、
苦手なタイプを書き出してみよう。

苦手なタイプ

苦手なタイプ

苦手なタイプ

苦手なタイプ

苦手なタイプ

苦手なタイプ

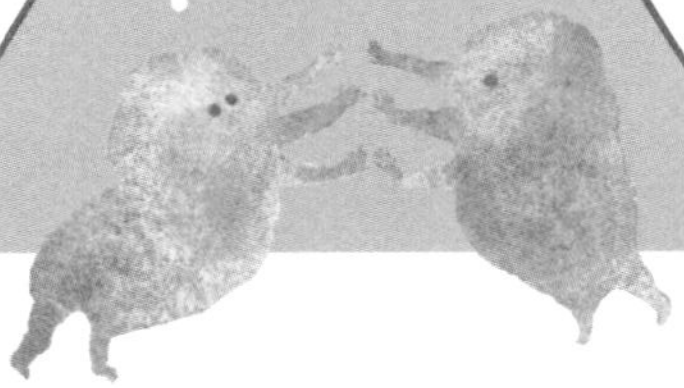

苦手な人と
どうつき合う？

思いつくアイデアを書き出してみよう。

おまけノート

Myサイン

自分らしさを表すMyサインを考えてみよう。

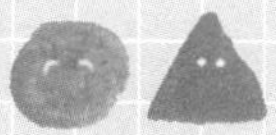

これに決定!

Let's Try!

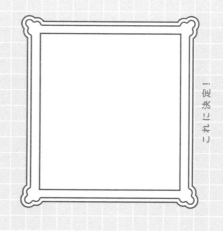

2 好きノート

好きなものがあるとうれしい。
好きなものに囲まれていると幸せ。
好きなことなくして
わたしはわたしではなくなる。
そんな気さえするのだから
とくべつ大切にしたいのだ。

子どもの頃は、好き嫌いがくっきり。
でも、大人の世界になじむうち
流行りだから、あの人が好きと言っていたから……
そんな他人の物差しで物事を選びがちに。
気づいたら自分だけの“好き”が
ぼんやりしていたりしないだろうか？
好きなものをたくさん書き出す作業は
“好き”の感度を取り戻すプロセスでもある。
自分自身を好きなもので満たすように
このノートを好きなもので埋めつくして。

好きな時間

毎日の暮らしの中で、どんなふうに過ごす時間が好き？
家で過ごす時間、ひとりの時間、だれかと一緒の時間。
自分だけの大切な過ごし方を書き出してみよう。

好きな季節

一番好きな季節は？

その理由

その季節にやりたいこと

二番目に好きな季節は？

その理由

その季節にやりたいこと

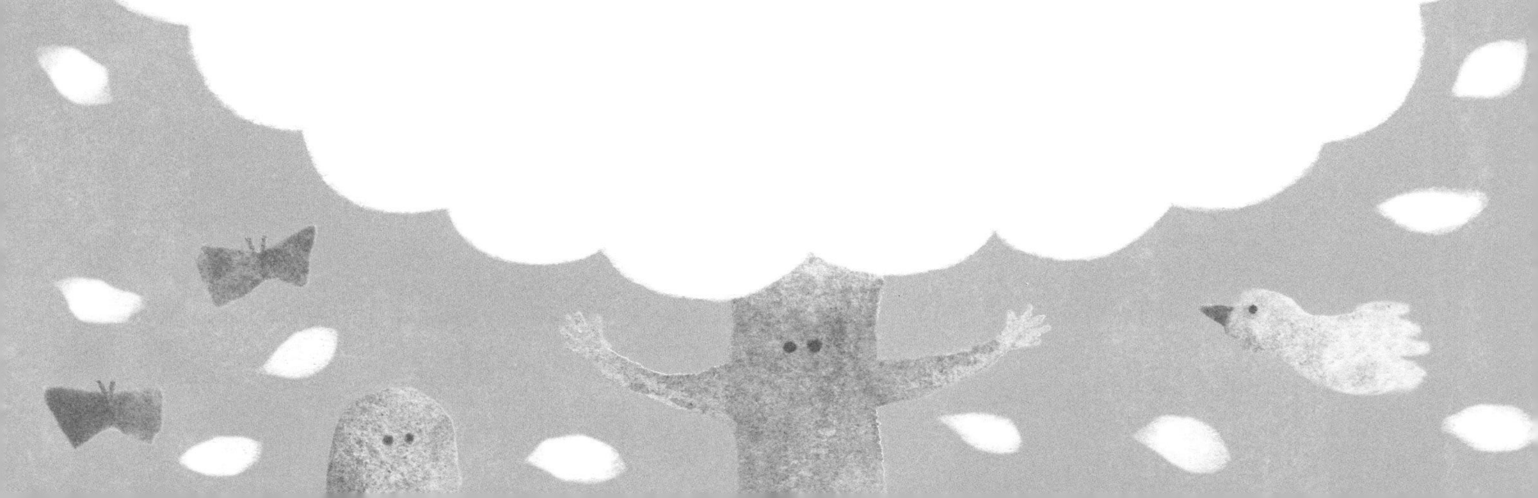

好きな人

好きな人と聞いて思い浮かぶのはだれ？
その人の好きなところや好きな理由を書いてみよう。

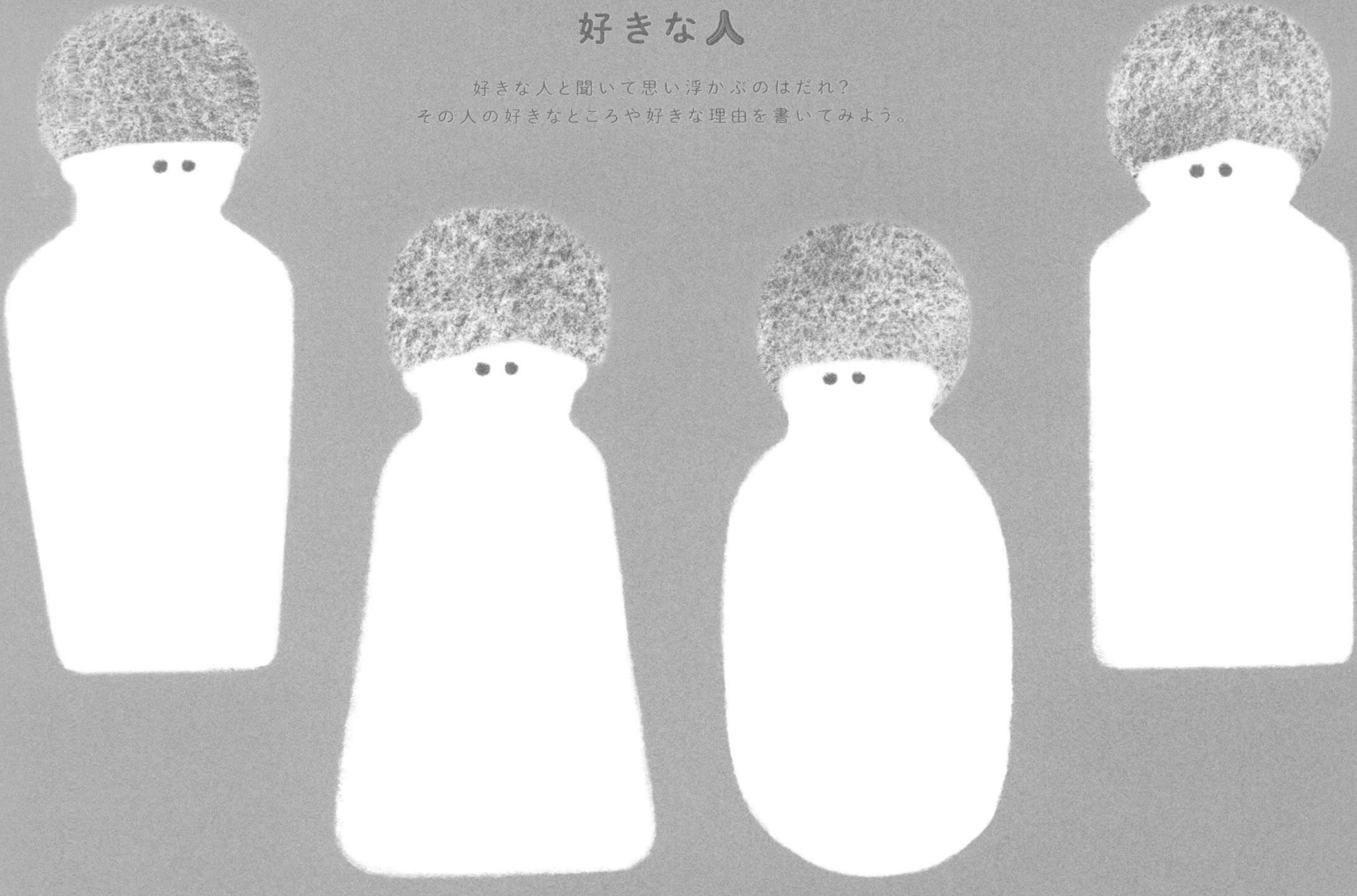

好きな食べもの

好きな食べものリスト

あの店のあの料理

お取り寄せグルメ

旬の味

思い出の味

(　　　　　　)

(　　　　　　)

好きな食べものランキング

1

2

3

好きな音楽

好きな音楽のジャンル

よく歌う歌

定番の鼻歌

好きなアーティスト

好きな曲

好きなアート

絵画、写真、映像、舞台、
デザイン、建築などの好きなアートについて。
絵で描いてもいいし、雑誌の切り抜きを貼っても。自由にまとめよう。

好きな映画

タイトル	好きな理由

マイ・ベスト映画5

1	
2	
3	
4	
5	

好きな本

好きな本の書名と著者名を背表紙に書き入れよう。

書名

著者名

ひと言コメント

ひと言コメント

ひと言コメント

ひと言コメント

ひと言コメント

ひと言コメント

ひと言コメント

ひと言コメント

ひと言コメント

ひと言コメント

好きな店

店名

info.

店名

info.

店名

info.

店名

info.

店名

info.

店名

info.

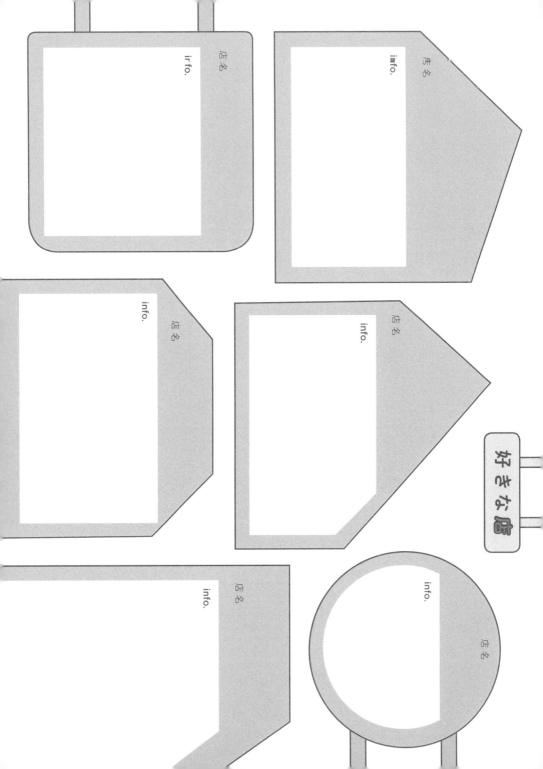

好きな国・地域

好きな国や地域にマークをつけてまとめてみよう。好きな理由やコメントなども自由に書き入れて。

好きな日本の場所

好きな場所をその理由とともに
書き入れよう。

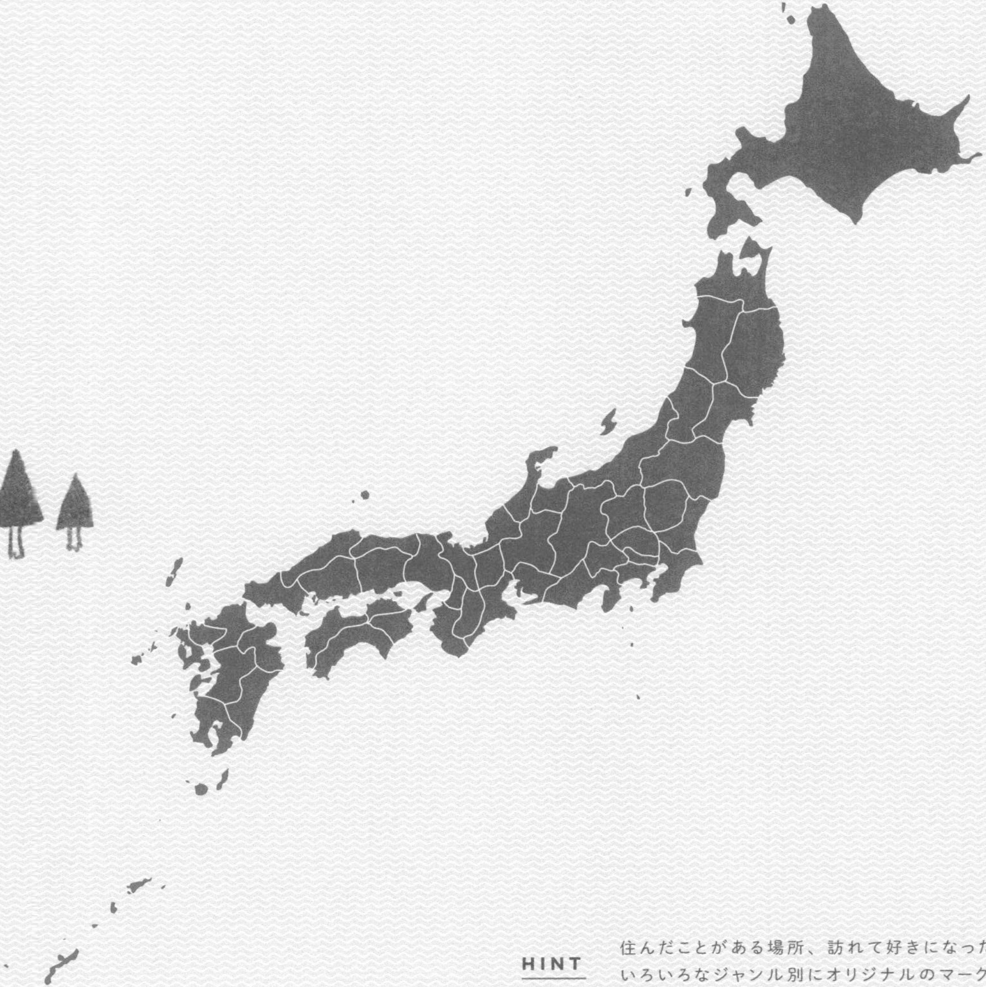

HINT

住んだことがある場所、訪れて好きになった場所、特別な思い入れがある場所など、
いろいろなジャンル別にオリジナルのマークをつくってみても。

好きなもの なんでも ベスト20

ここまで書き込んできた好きなものや、各テーマにあてはまらなかったことも含めて、好きなものを好きな順に20個挙げるとしたら？

1

2

3

4

5

6

7

8

9

10

11

12

13

14

15

16

17

18

19

20

3 思い出ノート

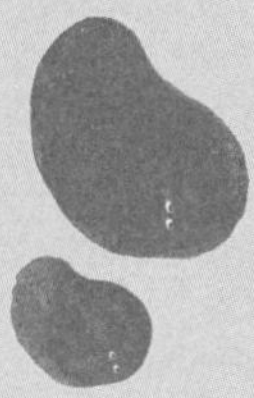

うれしいこともつらいことも
たくさんあった、これまでの時間。
どれもがわたしの源になっているから
過去のわたしに会いに行く。
そして揺るがずに今を生きるのだ。

過去には“自分自身”が詰まっている。
どんなことに喜びややりがいを感じるのか、
なにを大切にして生きてきたのか、
自分を知るためのヒントがたくさん。
心の整理がつかなかった思い出も
時を経て振り返ることで、新たな発見や
解決の糸口が見つかることだってある。
放っておくと記憶はどんどん薄れてしまうもの。
一つ一つ振り返りながら、書き留めておこう。

とくべつに大切な思い出

子ども時代から今までを振り返ってみて、自分にとってとくに大切な思い出はなに？
そのときのエピソードを思い出しながら書いてみよう。

うれしかった出来事

これまでの人生で
うれしかったこと BEST 3

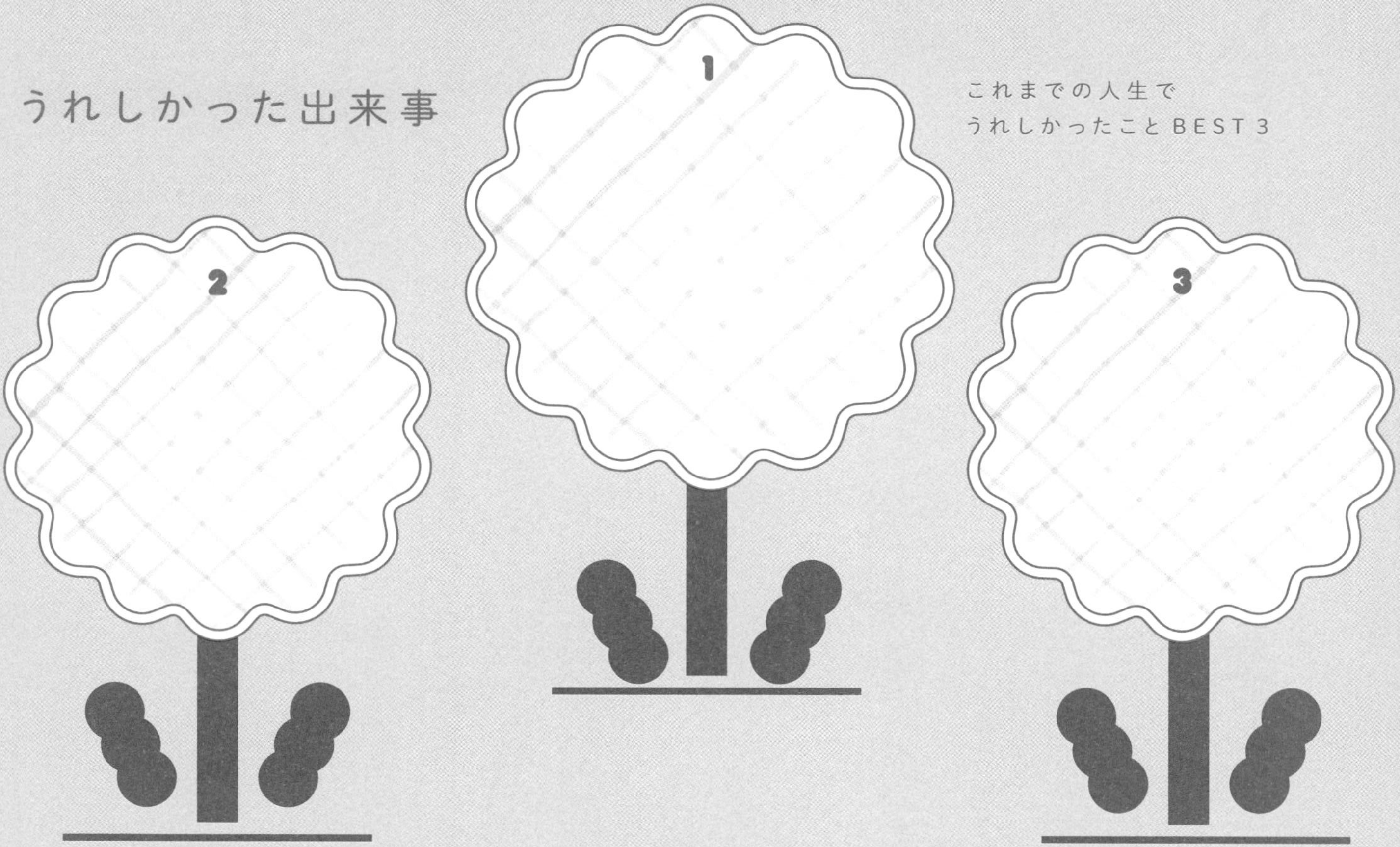

HINT　入学や卒業、受験、友人や恋人との出会い、就職、結婚……。人生の節目を振り返ってみると、うれしかった記憶がよみがえるかも。

こっそり
自慢したい思い出

つい自慢したくなる過去の出来事を思い出してみよう。
人前ではあまり堂々と話せない自慢話でも、ここでだけ正直に書いてみて。

HINT 思い出にタイトルをつけたり、フキダシに心の声を書いてみたりしよう。

大切な場所

自分にとっての思い出の場所や
忘れられない場所、
心のよりどころになっている場所を
書き出してみよう。

大切な場所

思い出

大切な場所

思い出

大切な場所

思い出

HINT　子ども時代の記憶をたどって、また訪れてみたい場所があればそれでもOK。

秘密の話

ずっと人に言えないままになっている出来事や、秘密にしておきたいエピソードなど。
いいこともよくないことも、なんでも書き出そう。

苦労したエピソード

これまでの人生でのピンチや苦労したエピソードを書いてみよう。
思い出してつらい気持ちになったら、自分をねぎらう言葉もぜひ書き添えて。

ねぎらいのひと言

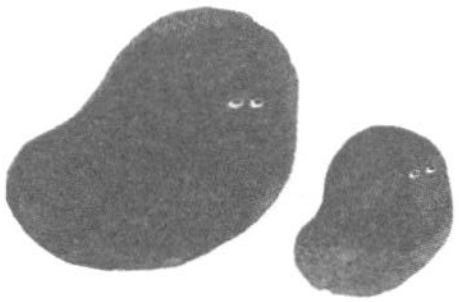

ねぎらいのひと言

後悔していること

「あのときこうすれば……」とくよくよしている出来事を書いてみよう。自分をなぐさめるひと言も。

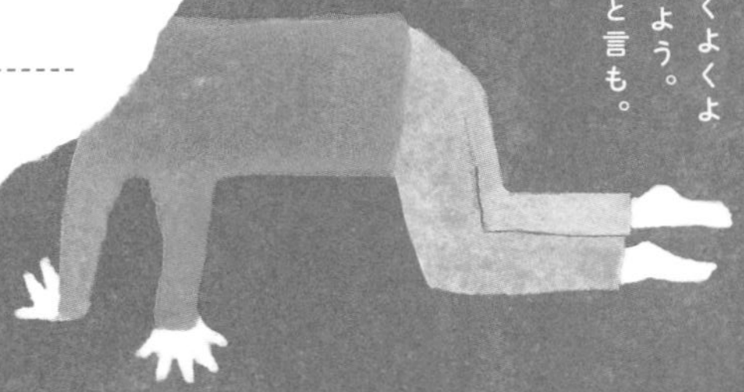

なぐさめのひと言

我慢してきたこと

ついつい我慢してきたことを書き出して。
もう我慢しないための方法も。

我慢しない方法

今なら笑える?

失敗エピソード

忘れられない失敗談も、時がたつにつれ笑い話に。
今だからこそ笑えるポイントを見つけてみよう。

エピソード

今なら笑えるポイント w

エピソード

今なら笑えるポイント w

エピソード

今なら笑えるポイント w

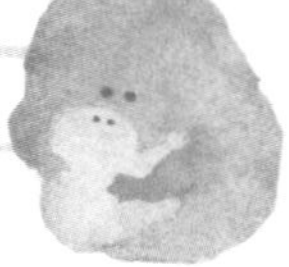

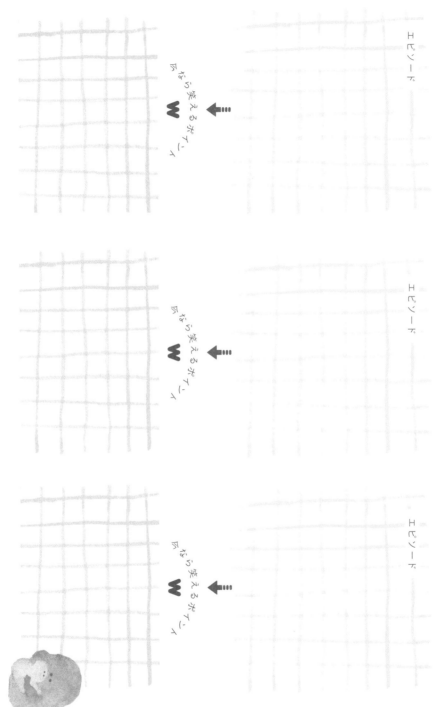

おまけノート

もやもやを はき出そう

心配なことや心に引っかかっていること、
心がもやもやすることがあれば、
ぜんぶ書いてはき出して。

4いいことノート

いいことが起こったら
素直に喜べるわたしでいたい。
そうすれば、自分にも人にも
温かくなれる。
ほがらかな気持ちで
わたしは明日へ向かう。

いやなことはいつまでも覚えていても

いいことはすぐに忘れてしまう。

だからあえて、いい面だけに光を当ててみよう。

自分にまつわるいいことを

ひたすらノートに書き留めていく。

ノートと頭の中が

「いいこと」でいっぱいになるにつれて

自然と気持ちが晴れ、思考も明るく変化してくるはず。

落ち込んだときにも、いつでも見返して。

2WEEKいいこと日記

今日から2週間（14日間）、その日あったいいことを3行ずつ書き入れてみよう。

月　日（　）	月　日（　）	月　日（　）	月　日（　）	月　日（　）	月　日（　）	月　日（　）

HINT 3行程度でも、よかったことをふり返る習慣ができると、自然と前向きな気持ちになれる。
さらに続けたい場合は、このページをコピーして使おう。

WEEK2

月　日(　)	月　日(　)	月　日(　)	月　日(　)	月　日(　)	月　日(　)	月　日(　)

わたしの幸運リスト

自分って運がいいな、ラッキーだなと思うことを書き出してみよう。

LUCKY	LUCKY	LUCKY	LUCKY	LUCKY	LUCKY	LUCKY	LUCKY	LUCKY	LUCKY

HINT　生まれもったもの、努力して得たもの、今の自分にとってラッキーだと思うことを挙げてみよう。（例：好きな仕事に就いている）

1年間のいいこと探し

ひと月ごとに、よかったことをひとつずつ書き込もう。

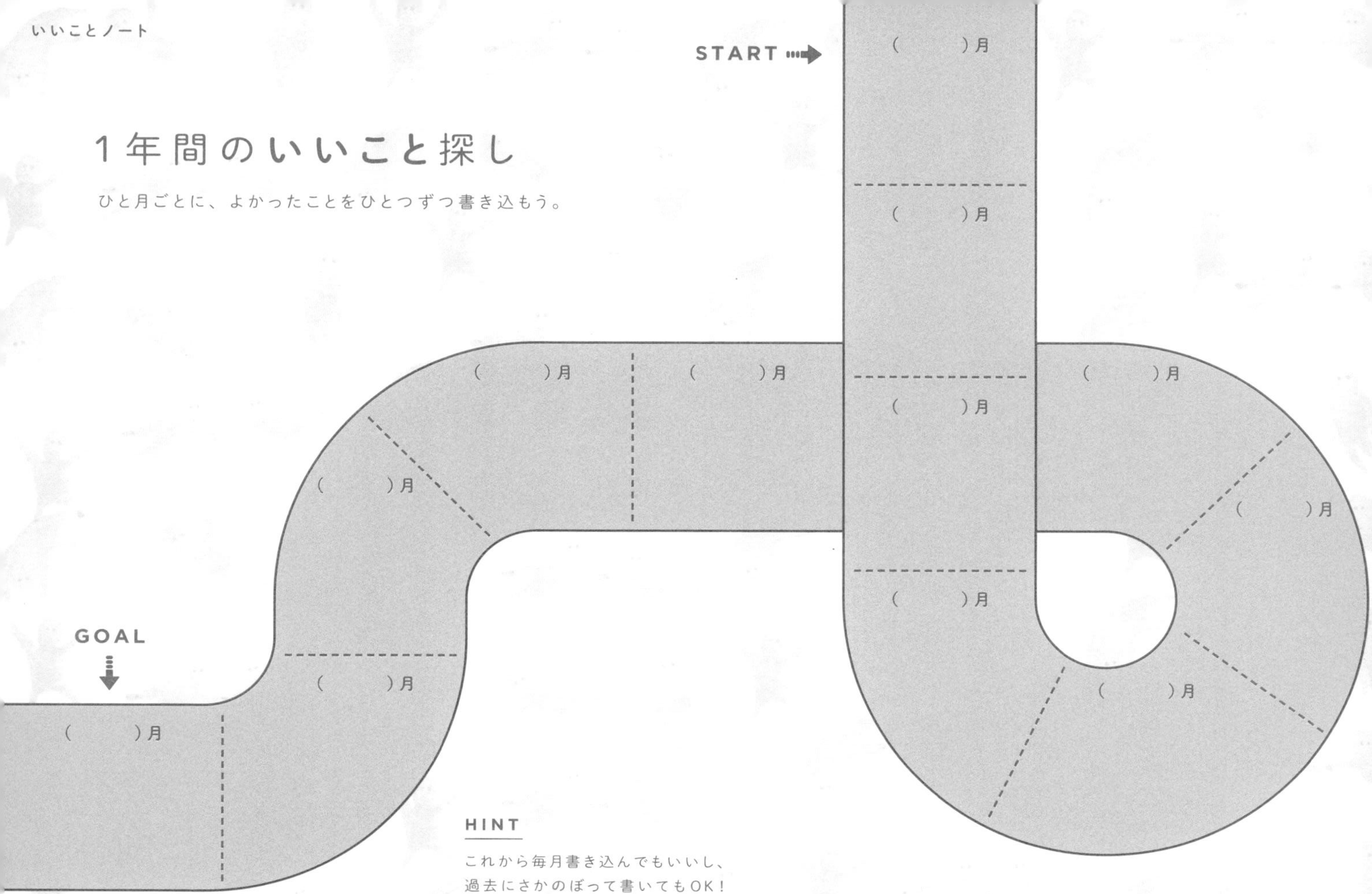

HINT

これから毎月書き込んでもいいし、
過去にさかのぼって書いてもOK！

始めてよかったこと

始めたことで、人生がよくなったと思うことを書き出してみよう。趣味、仕事、生活のことなど、ジャンルはなんでもOK。

● 始めてよかったこと

● 理由

● 始めてよかったこと

● 理由

●やめてよかったこと

●理由

●やめてよかったこと

●理由

やめてよかったこと

思い切って"やめる"選択をしたことで、
人生がよくなったと思うことを
書き出してみよう。

出会ってよかった人

出会ったことで、よい影響を受けた人のことを書いてみよう。

どんな人?

受けたよい影響

どんな人?

受けたよい影響

どんな人?

受けたよい影響

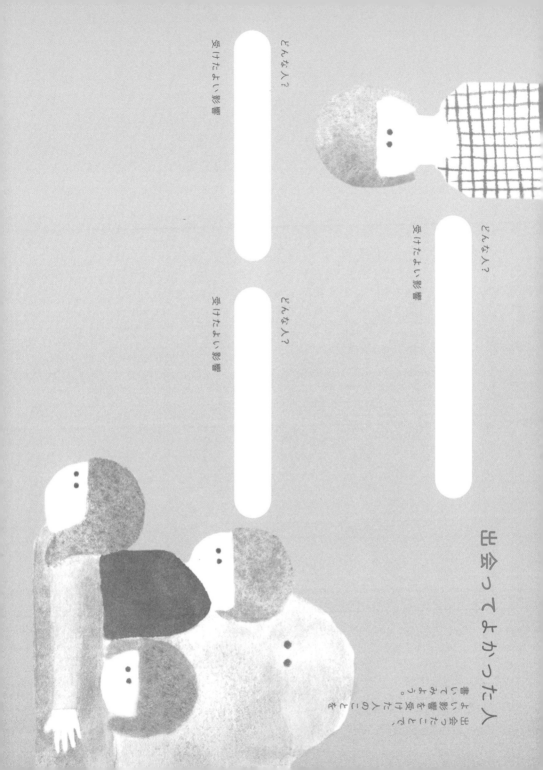

買ってよかったもの

「いい買いものをした！」と思うものを
タグの中に書き込もう。

わたしが「ハッピー!」と感じるとき

どんな小さなことでもOK。
日々の暮らしの中で、ハッピーだと感じる瞬間を
書き出してみよう。

おまけノート

ハッピーなプレゼントの中身は？

プレゼントの中身はあなたがハッピーになれるもの。
それはどんなもの？
贈り主は？
想像して書いてみよう。

5 幸せチャージノート

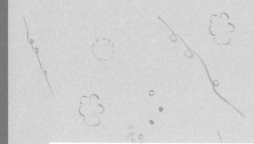

想像をくるくるとめぐらせば
いつだってハッピーな夢が見られる。
夢の世界はわたしが描く幸せのかたち。
わたしは夢見ることをやめない。
どこまでも幸せを追い続ける。

「こうなるといいな」「これがあったらな」という
現実をちょっぴり超えた、空想モードで書くノート。
心の中にふんわりとある夢や願望が、
言葉にして綴っていく過程で
より具体的に見えてきたり
じつは実現できそうと気づいたりすることも。
書きながらはもちろん、見返したときにも
幸せがチャージされるノートにしよう。

自分に送るほめほめ手紙

自分のことをほめる手紙を書こう。送り主は自分。
とにかくほめてほめて、ほめまくって。

HINT

ほんのささいなことでも、得意なことやいつも頑張っていることをほめたたえよう。否定的な言葉を一切使わないのがポイント。

わたしへ

わたしより

わたしの宝物

宝物を3つ挙げるとしたら？
人や物、形のないものでもOK。

HINT 見返したときに幸せな気持ちになれるよう、写真を貼ったり絵を描いたりしても。

夢の幸せ休暇プラン

自由に過ごせる1カ月間の休暇が手に入ったら、なにをしたい？　夢のプランを書いてみよう。

どんな場所で？

なにをして過ごす？

最高に幸せな1日の夢プラン

あらゆることが理想通りにいく
幸せな1日を思い描いてみよう。

やりたいことリスト

- ■
- ■
- ■
- ■
- ■
- ■
- ■
- ■
- ■
- ■

1日のタイムスケジュール

幸せのごほうびプラン

節目の年齢や、目標がかなったタイミングなどに、
自分に贈りたいごほうびを計画してみよう。

節目のごほうびプラン

（　　）歳

（　　）歳

（　　）歳

（　　）歳

（　　）歳

（　　）歳

（　　）歳

（　　）歳

目標別ごほうびプラン

（　　　　　　　　）したときのごほうび

（　　　　　　　　）したときのごほうび

（　　　　　　　　）したときのごほうび

（　　　　　　　　）したときのごほうび

幸せチャージスクラップ

好きな写真やイラストで埋めて、
見返すたびに幸せな気分になれる
スクラップページをつくろう。

HINT　憧れの暮らしやファッション、大切な家族やペットの写真などを貼っても。

幸せのフレーズ集

自分を励ますフレーズや
幸せになれる言葉を集めてみよう。

HINT

たとえば、「今日も頑張っているね!」「あなたは運がいいね!」など、
ひと言エールをたくさん書いてみよう。

ぬり絵

楽しくぬり絵。
画材もぬり方もご自由に。

6 セルフケアノート

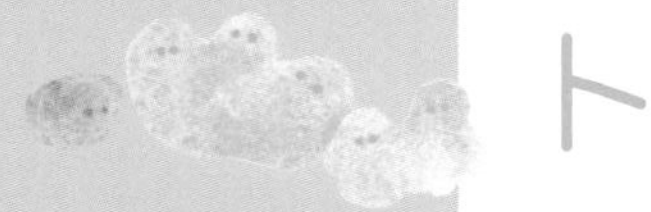

自分で自分を大切にする。
心をいたわり、体をいたわる。
ケアを重ねれば重ねるほど
不思議と自分のことが
好きになっていく。
強いわたしも脆いわたしも
いとおしい。

あわただしく毎日を過ごすうちに
ないがしろにしがちな自分の心身のこと。
どこをどうケアすればいいかわからない、
運動をしたり、食生活に注意したりはしていても
メンタルのケアはつい後回しになっている
という人も多いかもしれない。
まずは、自分の心身の状態を書き出しながら整理して
バランスを見直したり、課題を見つけたりしてみよう。
そこから得られた気づきを、自分の健康づくりに役立てて。

わたしのココロとカラダセルフチェック

☑ わたしのカラダ

どんな状態？

気になっていること

☑ わたしのココロ

どんな状態？

気になっていること

STRESS CHECK

ストレスを感じるとき

どんなときにストレスを感じたり疲れたりしやすい？
ぜんぶ書き出してみよう。

- [ ]
- [ ]
- [ ]
- [ ]
- [ ]
- [ ]
- [ ]
- [ ]
- [ ]
- [ ]
- [ ]
- [ ]

心身の不調と悩み

ストレスがたまったり、
心身の不調が続いたりすると、
毎日の生活にどんな影響が出やすい？

HINT 家族とのケンカが増える、出社したくなくなる……など、不調のときに生じやすい悩みを書いてみよう。見落としがちな関連に気づくかも。

わたしの気晴らし方法

仕事中の息抜きやストレスがたまったときにやりたい、
気分転換のアイデアをリストアップしてみよう。

心身のために始めたいこと宣言！

心身の状態をよくするために始めたいことを宣言してみよう。
始めるタイミングや頻度などのプランも具体的に書き入れて。

始められたらチェック☑を入れよう

始めたいこと ☐

始めたいこと ☐

始めたいこと ☐

HINT 朝5時半起き、マイナス2kgダイエット、毎朝30分の早朝ランニングなど、できるだけくわしく書こう。

心身のためにやめたいこと宣言！

心身のためにやめたいと思っている習慣を3つ挙げてみよう。
やめようと考えている理由もはっきりと。

やめられたら☑を入れよう

やめたいこと	□	やめるべき理由
やめたいこと	□	やめるべき理由
やめたいこと	□	やめるべき理由

HINT 寝る前のスマホタイム、間食、喫煙など、今の生活スタイルを見直してみよう。

習慣トラッカー

習慣にしたいと思っていることを書き入れて、できたらマス目を好きな色にぬりつぶそう。達成度が目に見えると、新しい習慣が定着しやすくなる。

1カ月チャレンジ

CHALLENGE THEME

/	/	/	/	/
START				
/	/	/	/	/
/	/	/	/	/
/	/	/	/	/
/	/	/	/	/
/	/	/	/	/
				GOAL

CHALLENGE THEME

/	/	/	/	/
START				
/	/	/	/	/
/	/	/	/	/
/	/	/	/	/
/	/	/	/	/
/	/	/	/	/
				GOAL

HINT　ぬりつぶす以外にも、チェック印やオリジナルのマークを書き入れてもOK。

10日間 プチチャレンジ

CHALLENGE THEME

/	/	/	/	/
1	2	3	4	5
/	/	/	/	/
6	7	8	9	10

CHALLENGE THEME

/	/	/	/	/
1	2	3	4	5
/	/	/	/	/
6	7	8	9	10

CHALLENGE THEME

/	/	/	/	/
1	2	3	4	5
/	/	/	/	/
6	7	8	9	10

CHALLENGE THEME

/	/	/	/	/
1	2	3	4	5
/	/	/	/	/
6	7	8	9	10

わたしを
サポートしてくれる人

頼れるのは自分自身と思っていても、
いざとなったらサポートしてくれる人の存在はありがたいもの。
周囲で自分をサポートしてくれる人を書き出してみよう。

頼りがちな人・頼みやすい相手

困ったときに相談したい人

いざというときに助けを求めたい人

普段から助け舟を出してくれる人

（　　　　　）ときに頼りたい人

（　　　　　）ときに頼りたい人

深呼吸でひと休み

両手を上げて、
大きく背伸びをしながら
深呼吸。
目も閉じて、
もう一度、
気持ちよく深呼吸。

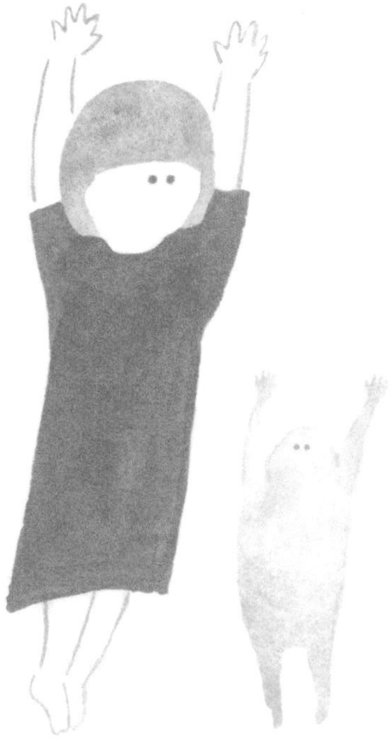

ときには深呼吸をして、
頭と心の休憩タイム。
ノートを書くのに
疲れたときにもぜひどうぞ。

7 暮らしノート

暮らしは、わたしの生き方そのもの。
日々をわたしらしく楽しみ
住まいの環境を整える。
心地よさを模索し続けるうち
暮らし方がわたし自身を変えていく。

暮らしの中には、自分がなにを大切にしているか
どんなふうに生きていきたいのかを知るための
ヒントがたくさん詰まっている。

無意識に過ごしていると、毎日はあっという間に過ぎていく。

家の環境を整えたり、家事をこなしたり
暮らしをつくるためのあれこれを
つい機械的にすませてしまっていないだろうか。

一日の終わりや週末に、ちょっとだけ立ち止まって
日々の暮らしを振り返ってみよう。

今の暮らしの記録

暮らしDATA

住んでいる場所

最寄り駅

周辺環境

同居している人・ペット

わが家の間取り

わが家の問題点
改善したいこと

◎

◎

◎

◎

◎

◎

わが家のお気に入りポイント

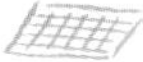

◎

◎

◎

◎

◎

◎

住みたい場所

いつか住んでみたい街や場所はどこ？そこでしてみたい暮らしの様子も、想像しながら書いてみよう。

住みたい場所

してみたい暮らし

住みたい場所

してみたい暮らし

住みたい場所

してみたい暮らし

MY HOME

住んでみたい家

思い描く理想の家を書いてみよう。外観や間取り、暮らし方など、なんでも自由に。

理想のインテリア

好きなインテリアのテイスト、目指したい雰囲気などを具体的に書き出そう。
雑誌や家具のカタログなどの切り抜きを貼っても。

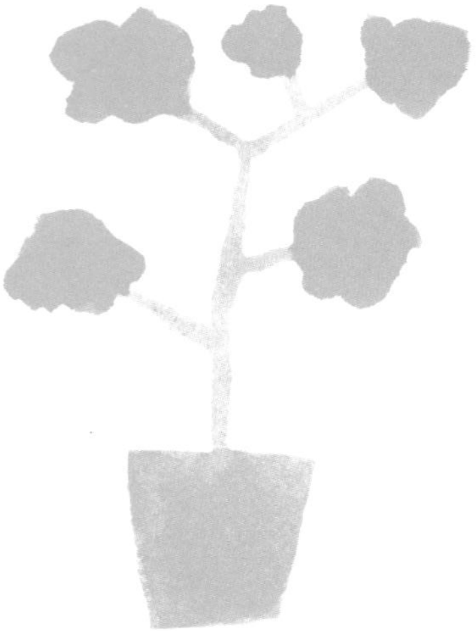

暮らしの用品 ほしいものリスト

理想の暮らしをかなえるためにほしいものをリストアップ。
手に入れたら、チェックボックスにチェックを入れよう。

□ □ □ □ □ □ □ □ □ □ □ □ □

□ □ □ □ □ □ □ □ □ □ □ □ □

手放したいもののリスト

暮らしの中で手放したいものを書き出してみよう。捨てたら枠の中を好きな色でぬって。

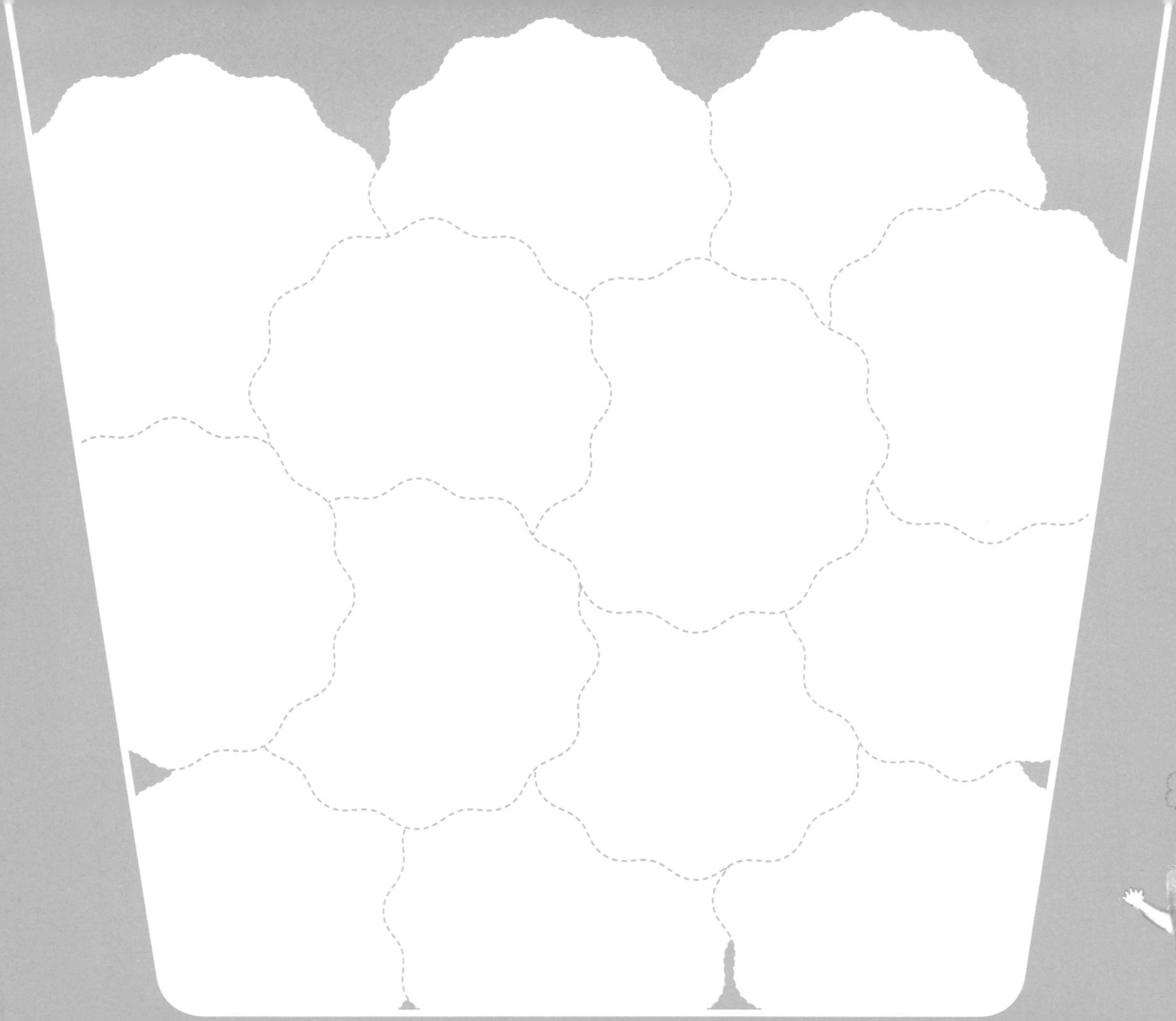

家事タスクチャート

家の中の仕事を、書き出しながら整理してみよう。

毎日やる家事	曜日ごとにやる家事	そのほかの家事
●	●	●
●	●	●
●	●	●
●	●	●
●	●	●
●	●	●
●	●	●
●	●	●

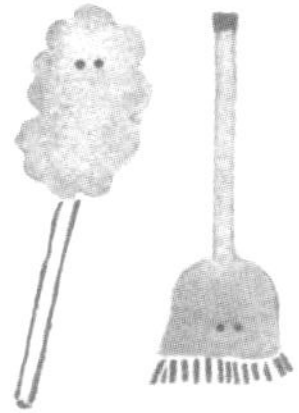

HINT だれかと分担している場合は、担当も書き添えてみて。

わたしの１日の暮らし時間

標準的な１日のタイムスケジュールを、
パイチャートに書いてみよう。

休日

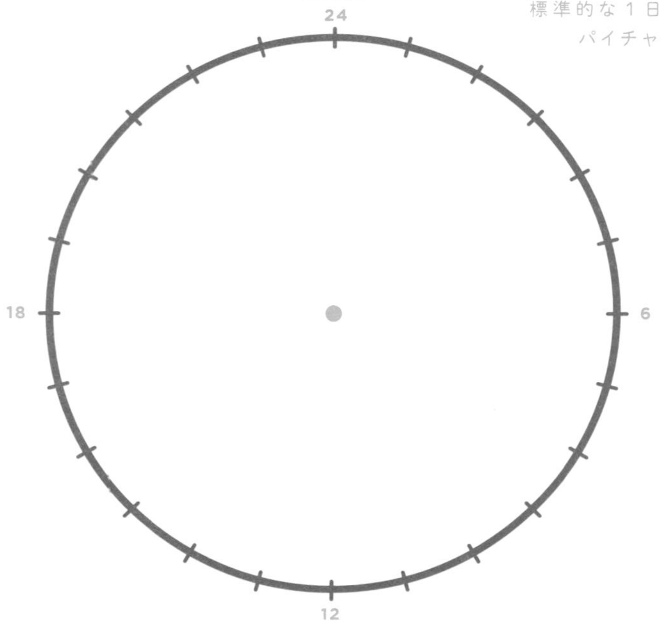

平日

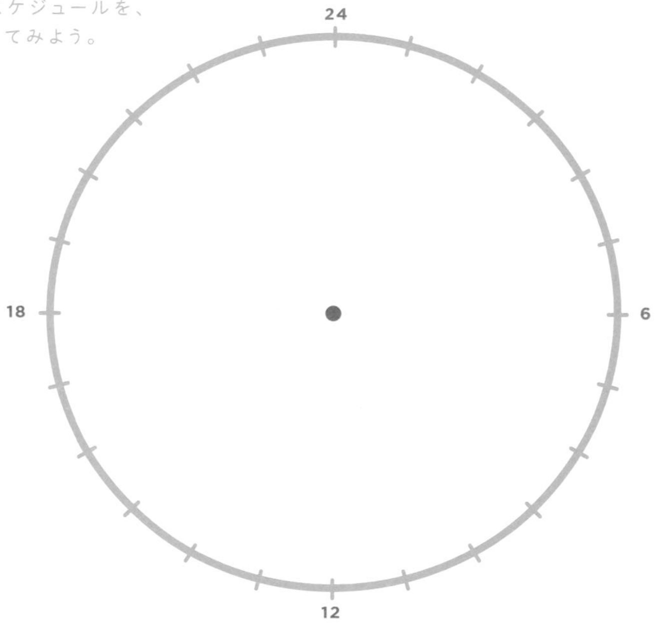

気づいたこと。（例：自由時間が短い、入浴時間が長い）

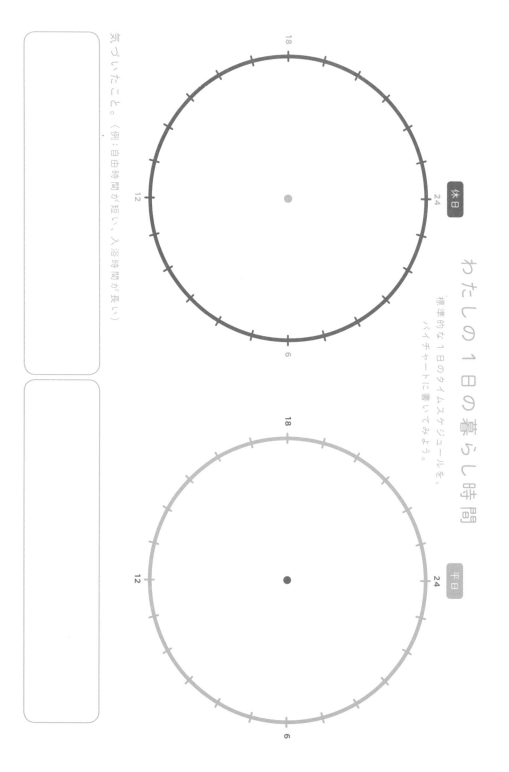

まとめノート

理想のライフスタイル

暮らしに関することを書いているうちに、見えてきた自分の理想のライフスタイルをまとめておこう。絵を描いたり、写真を貼ったりしても。

平日

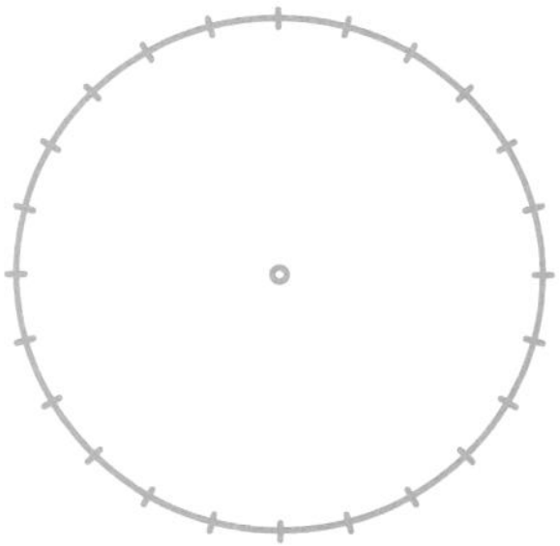

休日

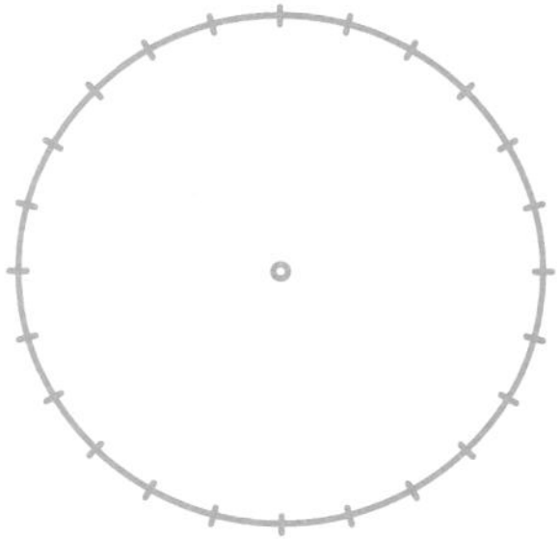

8 おしゃれノート

おしゃれをするのは心地いい。

自分が好きなものや

ときめく色、形を身にまといたい。

それがなによりも似合うはずだから。

わたしらしいわたしが、

きっと美しいのだから。

おしゃれをするのはだれのため?

流行りのファッション、TPOに合わせた服、

とりあえず無難だからと選んだアイテム……。

気になることはいろいろあるけれど

自分らしさや自分だけの魅力を引き立てるような

アイテムに出会うと、わくわくする。

まずは手持ちのアイテムをノートで整理。

全体を俯瞰しながら、おしゃれの傾向や

自分らしいおしゃれについて考えてみよう。

わたしのワードローブ全アイテム

クローゼットの中の持ちものをぜんぶ書き出してみよう。
絵でも文字でも整理しやすい方法で。

トップス

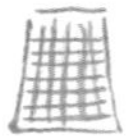

ボトムス

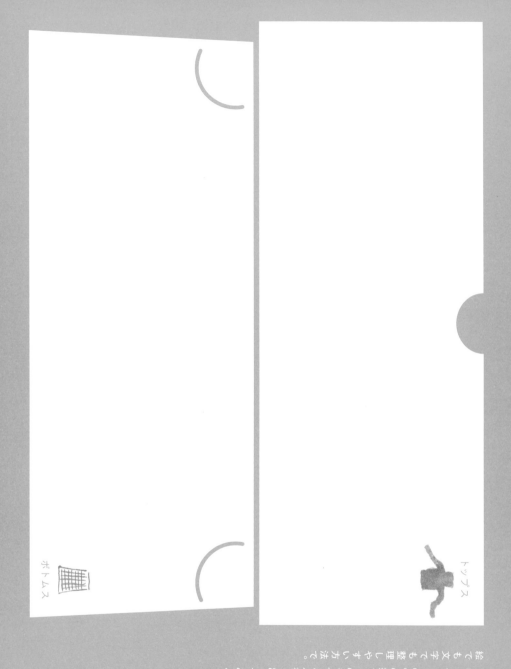

バッグ
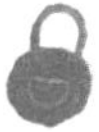

アウター
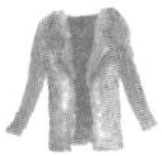

ワンピース
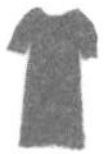

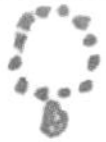
アクセサリー

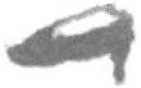
くつ

帽子
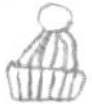

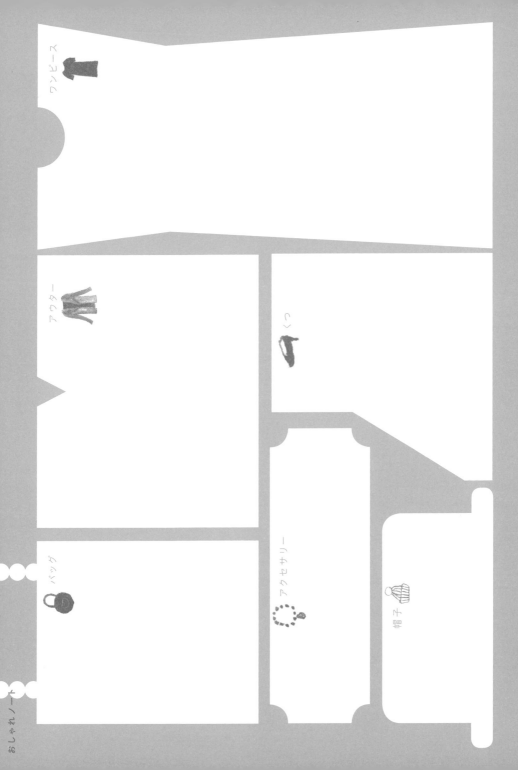

1週間コーディネート

手持ちのアイテムで1週間コーディネートを考えてみよう。

PATTERN 1

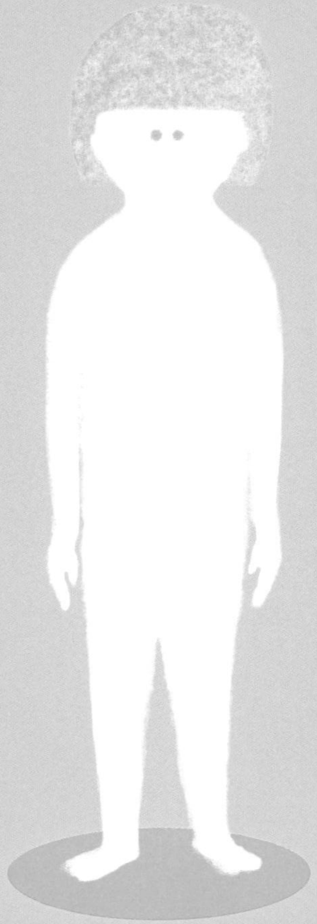

PATTERN 2

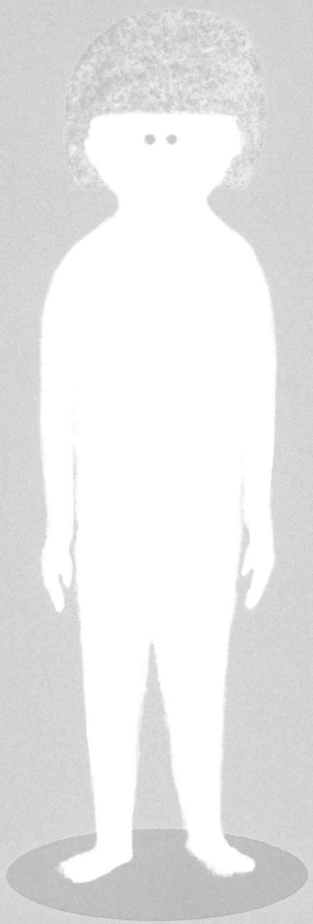

PATTERN 3

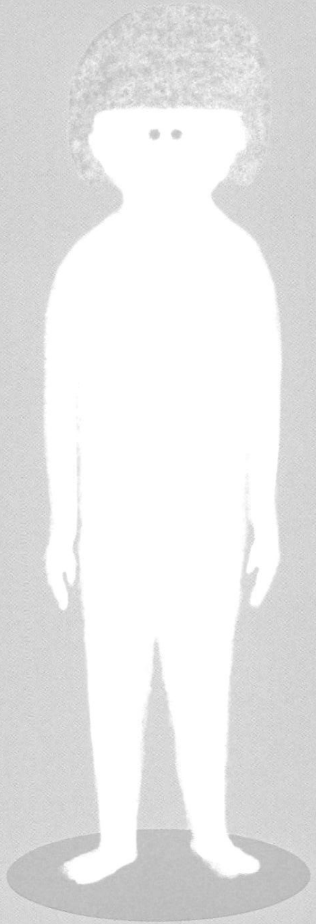

HOLIDAY

HOLIDAY

PATTERN 5

PATTERN 4

わたしのファッション分析

手持ちのファッションの傾向をまとめてみよう。

アイテム数

（例：トップスに比べてボトムスが少ない）

色／素材

（例：黒い服が多い、麻素材が多い）

そのほか気づいたこと

デザインテイスト

（例：ナチュラル系が多い）

ファッションアイテム整理メモ

持ちすぎているアイテム

足りないアイテム

ファッションアイテム買い足しメモ

なにを？	いつごろ？	どこで買う？

ショッピングメモ

お気に入りのファッションブランド

行ってみたいショップ

お気に入りのショップ

わたしのヘアスタイル帳

印象を大きく左右するヘアスタイルについてまとめよう。絵で描くか、雑誌などの切り抜きを貼っても。

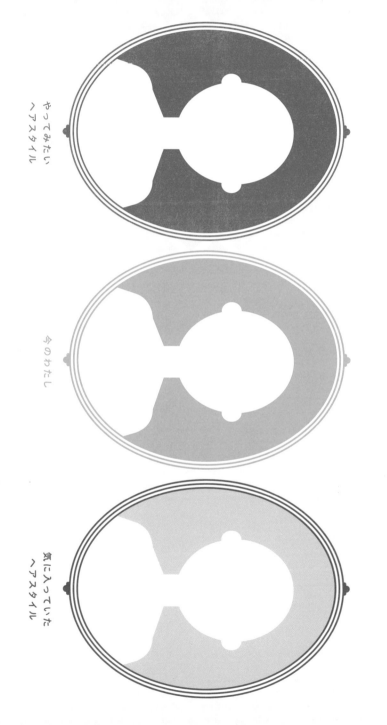

やってみたい
ヘアスタイル

今のわたし

気に入っていた
ヘアスタイル

わたしの美容メモ

愛用している美容アイテムについてまとめよう。

スキンケア用品

お手入れの手順メモ

メイク用品

メイクのこだわりポイント

わたしが目指したい雰囲気

どんな雰囲気が理想？ 目指したいイメージを描いてみよう。

◆ヘアスタイルの雰囲気◆

◆メイクの雰囲気◆

◆トータルイメージ◆

◆ファッションの雰囲気◆

おまけノート

わたしの憧れ

おしゃれの目標とする人や憧れのアイテムの写真を貼ろう。

9 お出かけノート

旅の記憶はわたしの一部。
思い出の羽が生えたわたしは
いつでも旅先へと飛んでゆける。
それが遠くであっても近くであっても。
過去だけでなく未来の旅でさえ。
旅するわたしは、どこまでも自由だ。

大きな旅から小さなお出かけまで
外の世界で体験した楽しい思い出は
記録して見返すことで、なんども楽しめる。
過去の記録だけでなく、これから出かけたい旅や
お出かけのプランをまとめてみるのも
未知の体験やまだ見ぬ地を想像できて楽しい。
もちろん、シンプルに覚え書きとしても。
お出かけができないときは
いつでもこのノートを見返して心の旅へ。

旅の思い出

今までで一番心に残っている旅は？
思い出を振り返りながらまとめてみよう。

旅データ

旅行期間

行き先

目的

HINT 旅のルートや気に入ったスポット、心に残っているエピソードなど、旅先でのことを思い出せるかぎり書いてみよう。
チケットやポストカード、写真や絵なども添えて自由にまとめて。

夢の旅プラン

思い描く夢の旅はどんな内容？
いつか行ってみたい旅プランを立ててみて。

プランA

夢の旅先

夢の旅程

旅先でしたいこと

プラン B

夢の旅先

夢の旅程

旅先でしたいこと

お出かけダイアリー

お出かけしたときの思い出の品を集めて、記録ページをつくろう。

HINT　チケットやDMの切り抜き、写真などを自由に貼って、思い出をまとめて。

お気に入りのお出かけコース

いつもの街歩きコースやお気に入りの散歩コースについてまとめよう。

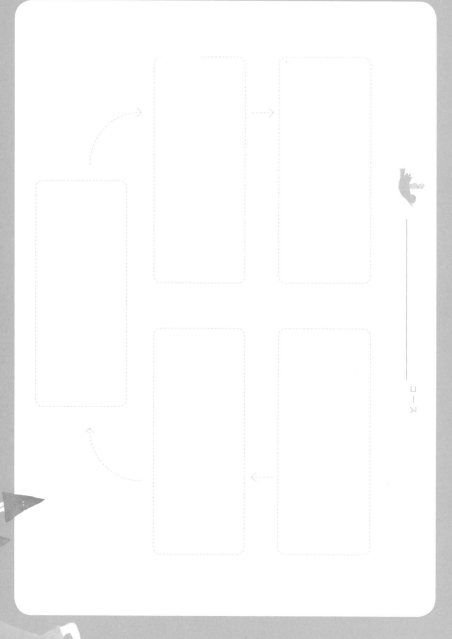

________ コース

HINT　「雑貨店めぐり」「スイーツ食べ歩き」などテーマ別のコースでも。

コース

コース

行ってみたい店

雑誌やインターネットなどで見つけた、行ってみたいお店情報をメモしよう。

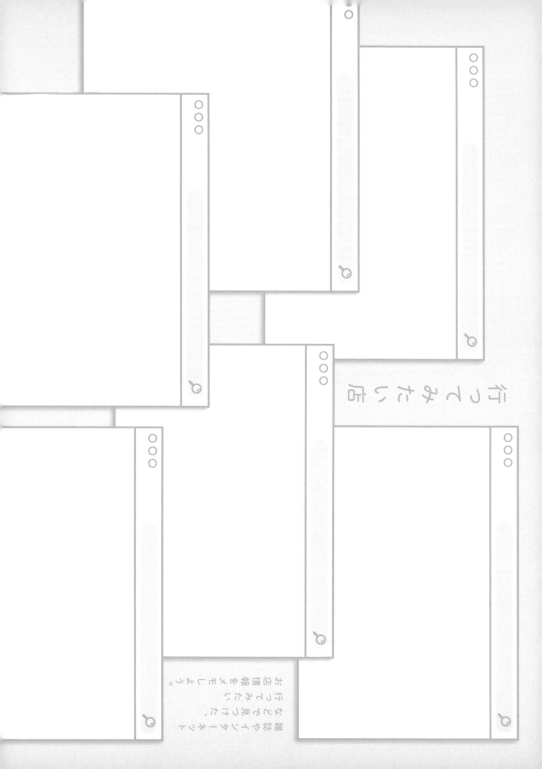

行ってみたいスポット

公園や神社など、気になっているスポット情報をメモ。

みたいものリスト

映画やライブ、劇、アート展など、みたいものの情報をメモ。

◎◎

日時　月　日

場所

MEMO

◎◎

日時　月　日

場所

MEMO

◎◎

日時　月　日

場所

MEMO

◎◎

日時　月　日

場所

MEMO

お出かけ情報の入手先メモ

ウェブサイトや雑誌など、旅やお出かけに役立つ情報を入手するために、よく使う手段をメモしておこう。

10 未来ノート

まだ見ぬわたしの未来。
でも、なにもかもが新しいのではない。
未来は今の続きにあるのだから
わたしは未来を語ろう。
立派な未来でなくたっていい。
顔を上げて、歩んでいくために。

ここまでのノートを通して

過去や現在、自分の趣味趣向などが

ずいぶん具体的に見えてきたのでは？

そのうえで、ここからは自分の未来を書き込む

総まとめ的なページ。

本当にやりたいことはなにか、どんな未来をつくりたいのか、

自分自身の本心を探りながら整理してみよう。

夢の実現に向けての歩み出しに

そしてブレない自分につながることを願って……。

未来のわたし

なりたい未来の自分像はどんな感じ？

どこでなにをしている？

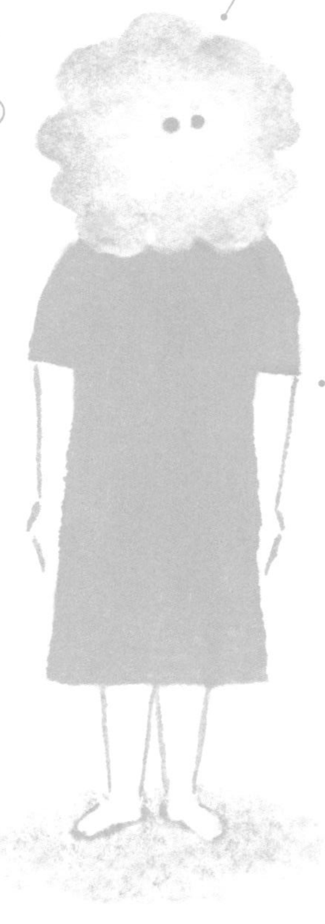

どんな雰囲気？

未来の自分について
自由に書いてみよう

未来の大切なもの

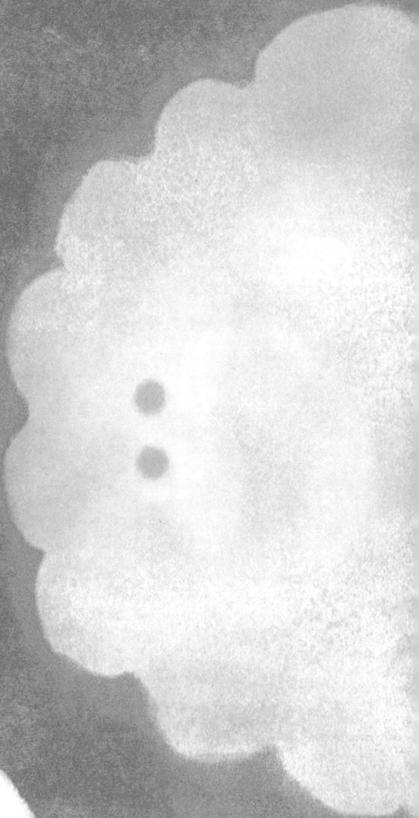

未来のわたしにとって
大切なものなに？
思い浮かんだものを
書き入れてみて。

未来貯金

自分のために
自由に使えるお金が貯まったら、
なにをしたい？

100万円貯まったらなにをする?

10万円貯まったらなにをする?

＿＿＿＿＿円貯まったらなにをする?

HINT　想像するのは自由！　わくわくする気持ちで書いてみよう。

未来のマネープラン

いつまでにいくら貯めたいか、未来に向けたマネープランをつくろう。

いつまでに?	貯めたい金額	なにに使う?

かなえたい夢100

かなえたい未来の夢を100個書き出そう。
達成できたらチェックと日付を入れて。

1□ ／

2□ ／

3□ ／

4□ ／

5□ ／

6□ ／

7□ ／

8□ ／

9□ ／

10□ ／

11□ ／

12□ ／

13□ ／

14□ ／

15□ ／

16□ ／

17□ ／

18□ ／

19□ ／

20□ ／

21□ ／

22□ ／

23□ ／

24□ ／

25□ ／

HINT　未来に向けてやりたいこと、願い事、欲しいものなど、大小さまざまな望みを書き出そう。

26 □ /

27 □ /

28 □ /

29 □ /

30 □ /

31 □ /

32 □ /

33 □ /

34 □ /

35 □ /

36 □ /

37 □ /

38 □ /

39 □ /

40 □ /

41 □ /

42 □ /

43 □ /

44 □ /

45 □ /

46 □ /

47 □ /

48 □ /

49 □ /

50 □ /

68 ☐ /
67 ☐ /
61 ☐ /
60 ☐ /
52 ☐ /
51 ☐ /
53 ☐ /
69 ☐ /
62 ☐ /
56 ☐ /
54 ☐ /
70 ☐ /
63 ☐ /
72 ☐ /
71 ☐ /
64 ☐ /
55 ☐ /
73 ☐ /
65 ☐ /
57 ☐ /
75 ☐ /
74 ☐ /
66 ☐ /
59 ☐ /
58 ☐ /

HINT 一度に100個書き出さなくてもいいので、思いついたときに書き足そう。

76 ☐ /

77 ☐ /

78 ☐ /

79 ☐ /

80 ☐ /

81 ☐ /

82 ☐ /

83 ☐ /

84 ☐ /

85 ☐ /

86 ☐ /

87 ☐ /

88 ☐ /

89 ☐ /

90 ☐ /

91 ☐ /

92 ☐ /

93 ☐ /

94 ☐ /

95 ☐ /

96 ☐ /

97 ☐ /

98 ☐ /

99 ☐ /

100 ☐ /

未来日記

夢をかなえた未来の自分になったつもりで日記を書いてみよう。

5年後　　年　　月　　日

HINT　夢にたどり着くまでの過程を過去形で書いたり、その先の目標を記したりしても。

＿＿＿＿年後　　年　　月　　日

未来年表

未来の計画や願望を年表にしてみよう。

年	年齢	計画・願望

未来に向けたまとめ

なりたい未来の自分が見えてきたら、実現に向けて具体的な目標やプランをまとめよう。

目標

1

2

3

絶対にかなえたいゴール ベスト10

1

2

3

4

5

6

7

8

9

10

ゴールに向かうためのTO DOリスト

- ■
- ■
- ■
- ■
- ■
- ■
- ■
- ■
- ■
- ■

未来の自分へのメッセージ

未来の自分へ贈りたい言葉を書いてみよう。
くじけそうなときにいつでも見返して。

未来スクラップ

未来の自分に見せたいものを自由にスクラップ。

HINT

写真や家族の絵、メモなど、未来に残したいものを貼っても。

Appendix

言葉の記録ノート

心の財産になるような〝いい言葉〟を
書き留めておくためのページ。
いい言葉に出会ったときに記録しよう。

言われてうれしかった言葉

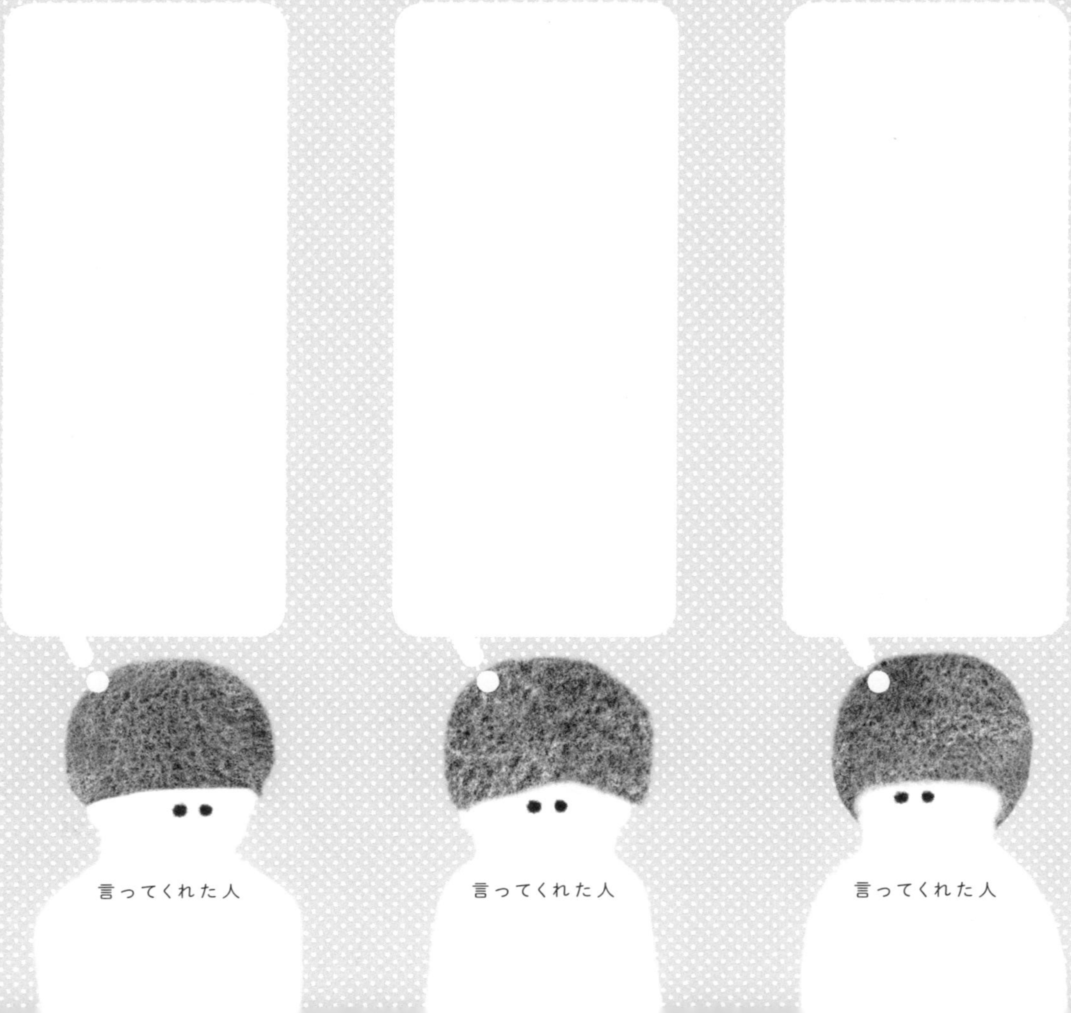

言葉の記録ノート

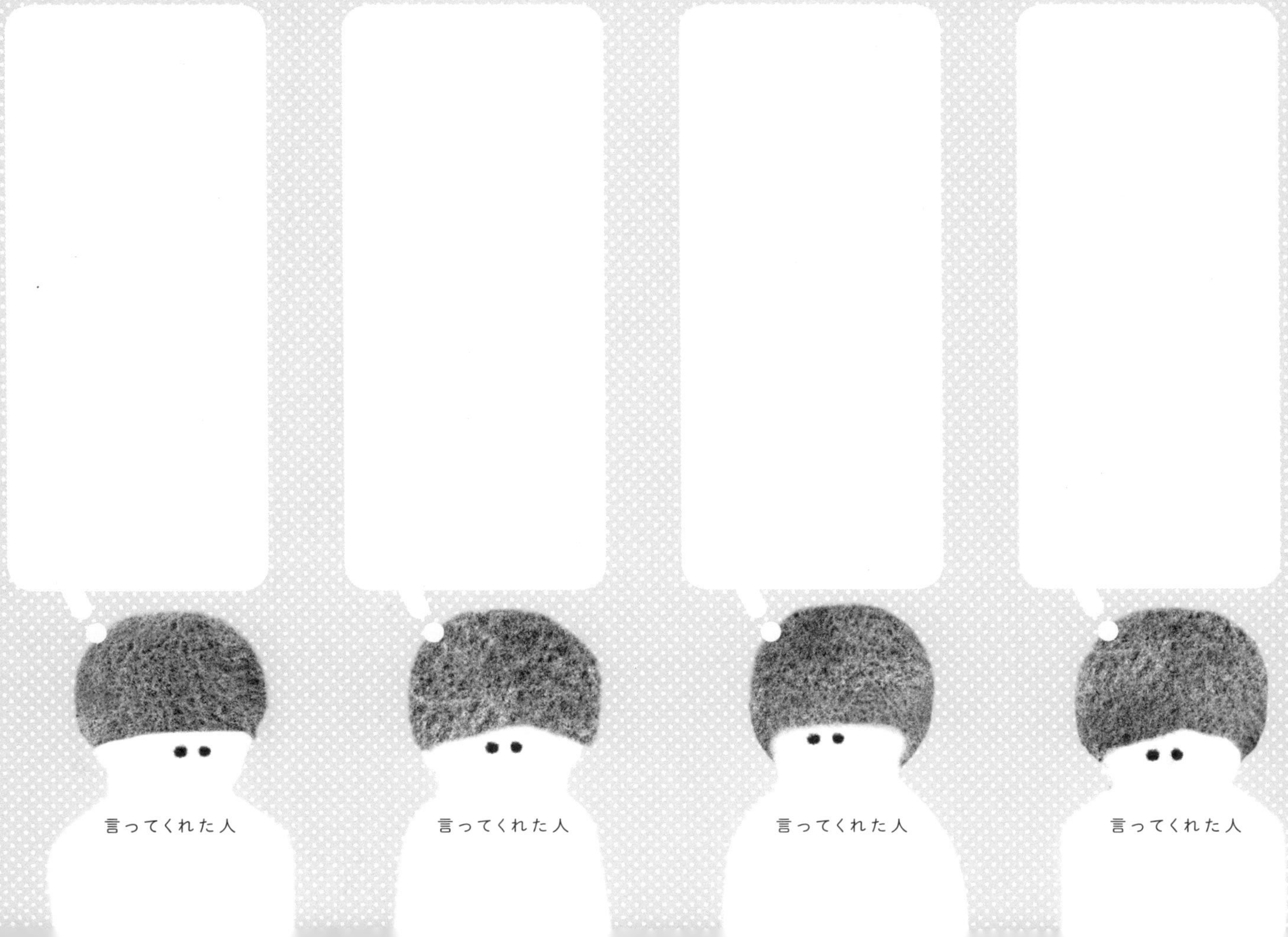

身近で出会った素敵な表現

HINT 本や雑誌、テレビなどで素敵だなと思う言い回しに出会ったときに書き留めて。

好きな歌・詩のワンフレーズ

PHRASE

TITLE

PHRASE

TITLE

PHRASE

TITLE

PHRASE

TITLE

PHRASE

TITLE

PHRASE

TITLE

好きな名言・格言・ことわざ

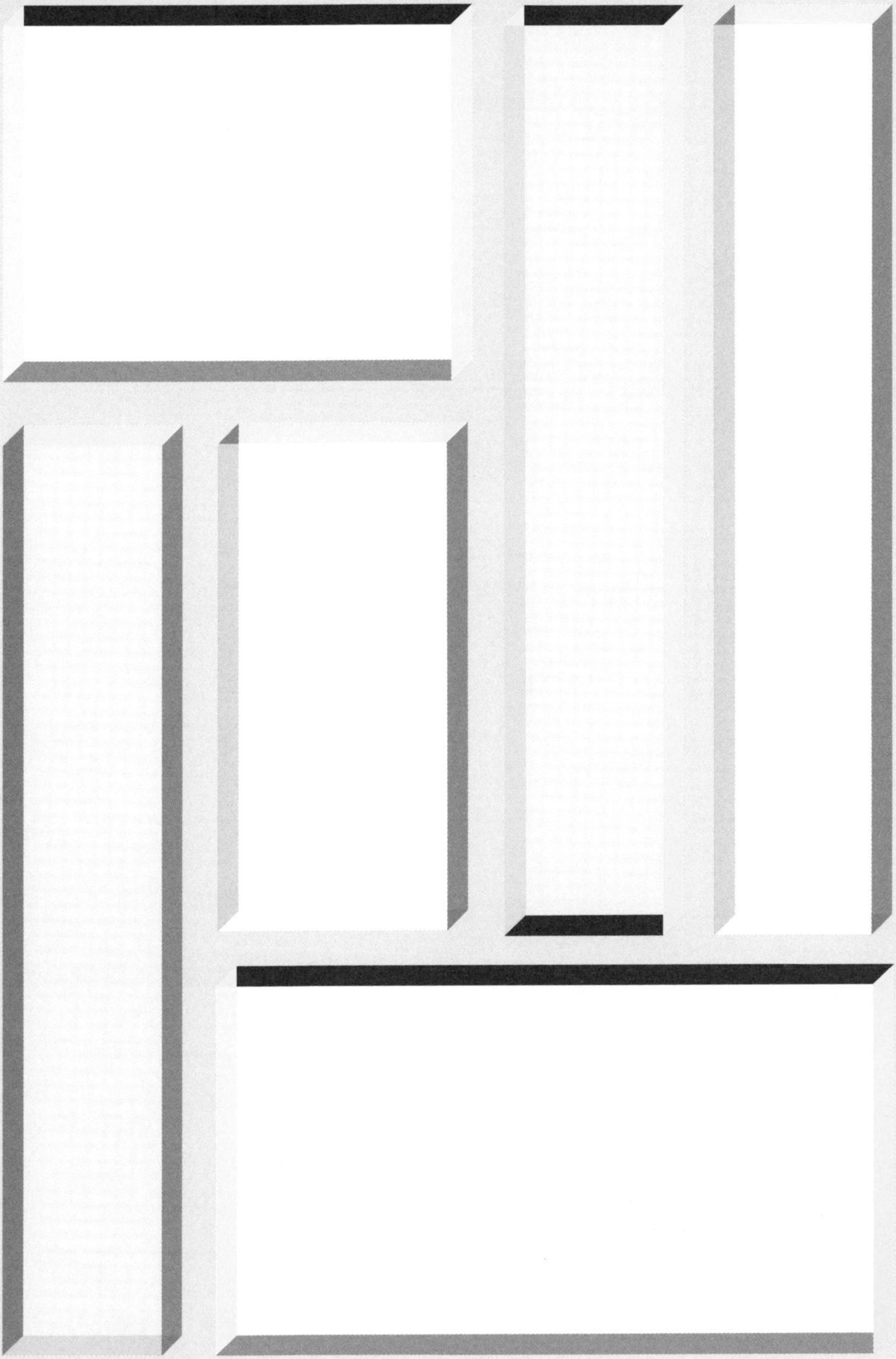

心に響く言葉

言葉の記録ノート

読書メモ

読書カード

日付

書名

MEMO

読書カード

日付

書名

MEMO

読書カード

日付

書名

MEMO

読書カード

日付

書名

MEMO

読書カード

日付

書名

MEMO

読書カード

日付

書名

MEMO

MEMO

STAFF

デザイン　高橋朱里（マルサンカク）
イラスト　三好愛
校正　木串かつこ　関根志野
制作・編集　友成響子（毬藻舎）
企画・編集　市川綾子（朝日新聞出版 生活・文化編集部）

◎お断り
本書の地図は、紙面の都合により簡略化したものを掲載しております。

自分《じぶん》を整理《せいり》するライフログ
MY《マイ》 LIFE《ライフ》 ノート

編　著　朝日新聞出版
発行者　片桐圭子
発行所　朝日新聞出版
〒104-8011　東京都中央区築地5－3－2
（お問い合わせ）infojitsuyo@asahi.com

印刷所　大日本印刷株式会社

ISBN　978-4-02-334006-0

定価はカバーに表示してあります。
落丁・乱丁の場合は弊社業務部（電話 03-5540-7800）へご連絡ください。
送料弊社負担にてお取り替えいたします。